# LE
# CANCER SOCIAL

## ET

## SON REMÈDE

Le Travailleur chrétien, la Femme forte et la Vierge

### Par J. J.

« Dieu se sert de ce qui est faible pour
» confondre ce qui est fort. »
(S. Paul, 1ʳᵉ Epît. aux Corinth., I, 27.)

———

Se vend au profit d'une Œuvre catholique.

———

GRENOBLE,
BARATIER ET DARDELET, IMPRIMEURS DE L'ÉVÊCHÉ.

# LE

# CANCER SOCIAL

## ET

# SON REMÈDE

# LE
# CANCER SOCIAL

## ET

## SON REMÈDE

Le Travailleur chrétien, la Femme forte et la Vierge

## Par J. J.

« Dieu se sert de ce qui est faible pour
» confondre ce qui est fort. »
(S. Paul, 1re Epît. aux Corinth., 1, 27.)

———>•<———

Se vend au profit d'une Œuvre catholique.

———>•<———

GRENOBLE,
BARATIER ET DARDELET, IMPRIMEURS DE L'ÉVÊCHÉ.
—
1877

# AVANT-PROPOS

Nos temps sont bien malades, et les « choses pleines de larmes. » — Un effroyable *cancer* d'orgueil, d'ambition, d'impiété et d'athéisme ronge la société. Le pauvre même en est gravement atteint, et la femme menacée. Si le mal continuait d'empirer, tout serait bientôt perdu.

Aussi, une des plus vigilantes sentinelles de l'Eglise vient-elle de jeter ce cri d'alarme : « Où allons-nous ? » (1).

Le pauvre, au fond, c'est le peuple : — prolé-

---

(1) *Où allons-nous ?* par M<sup>gr</sup> l'Evêque d'Orléans.

taire, — artisan, — laboureur, — ouvrier... Avec une foi vraie, éclairée et solide, le peuple est bon, sage, résigné, patient, sobre, économe, laborieux. — En attendant, en préparant et en méritant le Ciel, il fait de la terre le séjour de la vertu et de la paix.

Sans foi et sans vertu, le peuple est malheureux, et il peut, même avec de l'instruction, devenir une bête féroce, mettant en péril tout l'ordre social. — L'histoire ancienne et moderne en fournit de nombreuses et tristes preuves (1).

La Femme chrétienne, avec le secours de la grâce et des sacrements, devient ce que le Saint-Esprit appelle la *Femme forte*. — Epouse, la Femme forte

---

(1) Voltaire lui-même a dit : « L'athée, fourbe, ingrat, calomnia-
» teur, brigand, sanguinaire, raisonne et agit conséquemment.
» Car, s'il n'y a pas de Dieu, ce monstre est son dieu à lui-même.
» Il s'immole tout ce qu'il désire, ou tout ce qui lui fait obstacle...
» Les meilleurs raisonnements ne peuvent pas plus sur lui que sur
» un loup affamé... Si le monde était gouverné par des athées, il
» vaudrait autant être sous le joug immédiat de ces êtres infer-
» naux, qu'on nous peint acharnés contre leurs victimes... »

fait de son intérieur un petit *Eden*, ou paradis ter-
restre ; et, de sa maison, une citadelle inexpugnable
au vice et à la misère. — Mère, c'est « sur ses genoux que l'homme se fait, » comme l'a dit un grand
philosophe. — Veuve, elle fait de son cœur un sanc-
tuaire de pieux souvenirs, de fidélité, de prière et
de bienfaisance.

La Vierge tient à la fois de l'ange et du héros. La
Virginité est le sol privilégié, le parterre où se dé-
veloppent et grandissent, d'une manière admirable,
la charité, le dévouement, l'instruction, la science,
et toutes les vertus les plus sublimes et les plus pré-
cieuses. Ce qui a fait dire à saint Cyprien : « Les
Vierges sont des anges parmi les hommes ; » — et
à saint Ambroise : « La Virginité a le Ciel pour patrie ; ici, elle voyage comme une belle et illustre
étrangère ; là haut, elle habite comme une princesse
dans son palais » (1).

Si l'impiété parvenait à souiller le trésor précieux

---

(1) S. Cyprien *de habit. virg.* — S. Amb. *de virg.*

que l'humanité et l'Eglise ont dans la Femme chrétienne, alors le mal social serait à son comble ; car, « la pire des corruptions est la corruption des meilleures choses. »

Au moyen de quelques lectures et réminiscences, nous avons essayé d'esquisser un court exposé du mal ou *cancer* social, — et, comme remède, quelques traits de ces trois intéressantes figures : le Travailleur chrétien, — la Femme forte, — et la Vierge, pour les faire aimer de nos élèves et enfants. — Puisse le monde les aimer aussi ! — Si le bon Dieu accorde quelque bénédiction à ce petit essai, le fruit en sera totalement consacré au profit d'une œuvre d'instruction catholique, dont le but est de seconder le pauvre dans l'éducation de ses enfants, et de faire des femmes fortes ou des vierges, selon la grâce et la volonté de Dieu.

# CHAPITRE I<sup>ER</sup>

## LE CANCER SOCIAL ET LE TRAVAILLEUR CHRÉTIEN

> « Dieu hait le pauvre superbe ; — et la
> » patience de l'humble ne périra pas. »
> (*Ecclésiastiq.*, xxv, 3, 4. Ps. 9.)

## I.

Le pauvre, de nos jours, dresse une tête altière,
Pour menacer le riche et lui faire la guerre.
De là, le *paupérisme*, au problème effrayant,
Qui fait tout pâlir : roi, législateur, savant (1).

---

(1) Dans un bref du 25 septembre 1876, au congrès de Bordeaux,
le Souverain Pontife Pie IX disait : « La maladie sociale a pris de

Qu'est ce fatal génie, appelé *paupérisme*,
Dont les sombres complots et le radicalisme
De la société préparent le trépas?
— C'est un géant armé de millions de bras,
Qui fait trembler l'Europe et surtout notre France,
Aux cris : — égalité, — liberté, — jouissance !... ·
Géant, tout à la fois, français, italien,
Teuton, suisse, espagnol... enfin, européen.
Géant toujours plus fort : son astuce perfide
Cherche à tout attirer sous sa trompeuse égide ;
Et sa forêt de bras s'agrandit tous les jours,
Sans que rien, ici-bas, en suspende le cours.
Le monstre a deux fois faim : d'abord, il veut bien vivre ;
Et puis, des vils plaisirs, nuit et jour, il s'enivre.
Jadis, Rome païenne enfermait dans ses flancs
Un peuple dégradé, dont les cris frémissants :

---

» telles proportions, qu'il est permis de redouter, de la part des
» forces réunies du prolétariat, une explosion terrible, qui amè-
» nerait une crise suprême. » — Déjà, en 1869, le P. Monsabré
s'écriait, dans la chaire de Notre-Dame de Paris : « Qui contiendra
» les sombres colères d'un barbare de la pire espèce, — d'un
» sphinx, assis au bas des degrés par où l'on monte au temple de la
» Fortune : Le *Paupérisme impie?* Ce Sphinx, dont les rugissements
» sinistres alarment la société, lui propose une énigme, que ni les
» économistes, ni les philanthropes, ni les politiques ne peuvent
» deviner... Entendez ce peuple, qu'on a fait sans Dieu, sans foi,
» sans loi, sans consolation vraie, sans espoir, secouant sa cri-
» nière et tâtant ses membres vigoureux, pendant qu'on lui prêche
» la liquidation sociale. » (*Conférences à Notre-Dame*, Avent,
Paris, 1869.)

*Du pain et des plaisirs !* faisaient trembler l'empire.
Ah ! c'est la même faim et le même délire !

Avec ses bras armés de force et de fureur,
Avec sa double faim de pain et de bonheur,
Le monstre a, par surcroît, une âme haute et fière ;
Il ne craint rien au Ciel, il ne craint rien sur terre.
Il pose en philosophe !... En Dieu ne croyant plus,
Son esprit ne connaît ni vices ni vertus.
Il est prêt à tout faire. On frémit d'épouvante
Aux coups de sa logique impie et menaçante (1).
L'homme doit assouvir les besoins de son cœur :
Aimer la pauvreté, sophisme absurde ! — erreur !
Nos maîtres en savoir ne cessent de le dire,
Le plaisir est la fin de tout ce qui respire ;
Le bonheur n'est que là : — là, le souverain bien...
Le corps, les sens sont tout ; l'âme, Dieu ne sont rien...
Le riche a fait du pauvre une bête de somme,
Il saura désormais que le pauvre est un homme,
Qui doit avoir sa part au bien-être, ici-bas ;
Le bien-être, après tout, est le fruit de ses bras...
Ainsi, par des écrits saturés de licence,
On a détruit la foi, la chrétienne espérance.
Le pauvre, maintenant, dévoré de désirs,
Recherche avec fureur la joie et les plaisirs.

---

(1) Quand on ne croit à rien, on est prêt à tout faire. » (Victor Hugo.)

## II.

Au lieu d'attirer l'homme au leurre des richesses,
Le Christ, son Dieu, lui fit de sublimes promesses.
Il assure la gloire et la félicité
A qui souffre, aime et prie avec humilité.
Il n'a pas dit : heureux les riches de la terre !
Ce bonheur serait faux, impossible, éphémère.
Mais il a dit : heureux le pauvre humble et pieux !
C'est à lui qu'appartient le royaume des Cieux.
Lui-même, parmi nous, dès sa plus tendre enfance,
Pour nous encourager, embrassa la souffrance.
Les rigueurs de l'exil, le froid, la faim, les pleurs,
L'obscure pauvreté, les plus rudes labeurs,
Durant plus de trente ans, de la crèche au Calvaire,
Du Maître des humains remplirent la carrière.

## III.

Alors qu'au Ciel, en Dieu, le pauvre avait espoir,
L'esprit du mal, sur lui, n'avait aucun pouvoir.
A son lit de douleur, il appelait sa fille,
Ange de sa chaumière, amour de sa famille :
Celle-ci du Sauveur lisait la Passion ;
A ce touchant récit, une douce onction,

Comme un baume divin, descendait en son âme ;
L'amour d'un Dieu son frère y rallumait sa flamme ;
Et voyant que ce Dieu, comme lui, fut souffrant,
Il oubliait ses maux et s'endormait content.

Quand le pauvre, courbé sous le poids de sa peine,
Portant sa pauvreté comme une lourde chaîne,
S'en allait, l'œil en pleurs, le long du grand chemin,
Voyait-il une croix ? — A ce signe divin,
Il tombait à genoux et faisait sa prière.
Le Dieu du Golgotha, qu'il appelait son frère,
Jusqu'à lui s'inclinait et lui disait tout bas :
Bientôt, le Ciel sera le prix de tes combats.
Alors, tout rayonnant d'amour et d'espérance,
Il achevait sa course à travers la souffrance.

Quand, baigné de sueur, le pauvre, au champ d'autrui,
Souffrait d'un dur labeur, presque perdu pour lui,
Souvent le luxe altier du grand propriétaire
Etait comme une insulte à son humble salaire.
Alors, si dans son cœur montait un peu de fiel,
Appuyé sur sa bêche, il regardait le Ciel ;
Et sa foi, lui montrant du juste l'héritage,
Rasserénait son front, relevait son courage,
Et le courbait joyeux sous un ingrat labeur,
Dont Dieu doit essuyer et payer la sueur.
Quel plaisir doit goûter l'homme qui vit d'aumône,
D'avoir sa place au Ciel, d'y posséder un trône !...

Quand, après six longs jours de pénibles travaux,
Revenait le dimanche avec son saint repos,

Avec son doux séjour, sa fête à la chaumière,
Son repas de famille embaumé de prière,
Fatigues et chagrins tout avait disparu ;
Sur tous les fronts brillait la paix de la vertu.
Les champs étaient déserts, et la famille heureuse,
En ses habits de fête et toute radieuse,
Docile au premier coup de l'airain du saint lieu,
S'acheminait ensemble à la maison de Dieu.
Les cantiques sacrés, mêlés aux saints mystères,
Remplissaient tous les cœurs d'amour et de lumières.
Tous se sentaient épris d'une nouvelle ardeur,
Et retournaient aux champs, bénissant le Seigneur.
C'est aux champs, on le sait, que la famille humaine
Se conserve plus forte, et plus sage et plus saine.
Du laboureur chrétien le travail simple, obscur,
Elève son esprit en gardant son cœur pur.


Quelle que fût, enfin, du pauvre l'indigence,
Ses dégoûts, son malheur, sa pénible existence,
Secourable à ses maux, Jésus était, pour lui,
Un remède, un conseil, un doux et sûr appui.
Le pauvre, grâce au Christ, peut nommer Dieu son père ;
Il trouve, grâce au Christ, en Marie une mère ;
Fils d'un Dieu, l'homme, un jour, doit régner dans les Cieux !
Mais, ici-bas déjà, que de biens précieux !
Pendant que tout le Ciel l'attend et le regarde,
Un ange, à chaque pas, l'accompagne et le garde.
Jésus même, à l'autel, a fixé son séjour,
Pour être près des siens et la nuit et le jour ;
Et, tendrement épris de l'humaine nature,
L'abreuve de son sang, devient sa nourriture.

Non, jamais aucun Dieu ne fut bon, tendre et doux,
Autant que Jésus-Christ daigne l'être avec nous!
Par sa grâce ennobli, quoique poussière et fange,
Le dernier des mortels apparaît comme un ange.
Intimement uni, par l'amour, au Sauveur,
Il devient son égal... « C'est un Dieu même en fleur (1) ! »


## IV.


Hé bien ! ce Jésus-Christ, la superbe incroyance
Au pauvre l'a ravi ; — le vice et l'ignorance
Ont fini par détruire, en son cœur de chrétien,
Avec la foi, l'amour, la notion du bien.
Dans cet abaissement, la saine intelligence
Qui, dans l'état normal, avec la conscience,
Compose l'être humain, comme elle, a disparu :
L'esprit, le sens moral, l'honneur, tout est perdu.
On a voulu de Dieu même effacer la trace,
Et, dans un fou vertige, on a mis à sa place
La licence, l'orgie.... un ignoble animal !...
O pauvre, souffres-tu ? — Pour adoucir ton mal,
Viens, puise à pleines mains ; — ces chansons, ces gravures,
Ces immondes romans, tout cet amas d'ordures...

---

(1) « Qu'est-ce qu'un chrétien ? — C'est une fleur : un *Dieu en fleur*, disent souvent les Pères. » (*De la Vie chrétienne*, par un grand vicaire de Poitiers, t. III, p. 303, 304.)

Voilà pour te guérir et te rassasier !...
Quel festin pour ton cœur, malheureux ouvrier !

Et la croix, où le pauvre, en reposant sa vue,
Adoucissait ses pleurs, — qu'est-elle devenue?
Fils de l'impiété, des barbares nouveaux
La jetèrent, d'abord, sous les pieds des chevaux.
Quand l'œuvre de Satan fut enfin achevée,
Que, sous un ciel plus pur la croix fut relevée,
Ils ont su la voiler d'un nuage si noir,
Que le pauvre, aveuglé, ne peut plus l'entrevoir.
Ou, s'il la voit de loin, couverte d'ironies,
D'opprobres, de mépris, de viles calomnies,
Soit honte, soit dédain, il n'ose en approcher...
Aujourd'hui, que fait-il? — Hélas ! il va cacher
Ses peines, ses soucis et toute sa misère,
Loin des siens, loin de Dieu, dans un affreux repaire,
L'ignoble cabaret !... antre d'iniquité !...
Où tout se perd : raison, fortune, honneur, santé.

Le dimanche du pauvre... Ah ! son jour d'allégresse,
De prière, de paix, d'amour et de sagesse ;
Son dimanche n'est plus !... L'incroyance en a fait
Un lundi d'infamie, un jour de cabaret !

Que l'incrédulité mène l'homme à la fange,
Et l'y tienne plongé, cela n'est point étrange,
Puisqu'il n'est, à ses yeux, qu'un vil orang-outang,
Qui sort de la forêt et retourne au néant.
Si de la vérité la lumière éclipsée
De l'esprit ne vient pas éclairer la pensée ;

Aux instincts de la brute il ne peut résister :
Quand l'homme ne croit plus, il cesse d'exister.


## V.


Ainsi donc l'incroyance, à force d'artifices,
De livres mensongers, d'impiété, de vices;
A force de discours et d'exemples pervers,
A corrompu le pauvre et troublé l'univers.
Libertin de salon, libertin de la rue
Sont venus se confondre en la même cohue :
Le premier est la source et sut tout enfanter ;
Le second, le torrent, qui va tout emporter....

Le sol tremble, en effet... La justice éternelle
Proclame, d'une voix puissante et solennelle,
La loi du talion : *Œil pour œil, dent pour dent !*
Assez de crime, assez... Voici le châtiment :
Au pauvro, ils ont tout pris : Dieu, — sa foi, — son symbole ;
*Dieu pour Dieu !* — qu'à leur tour, on prenne leur idole !...

De chrétien résigné, content du sort heureux,
Qui l'unissait au Christ, et lui montrait, aux Cieux,
Un bonheur éternel, pour prix de sa souffrance,
Le pauvre est devenu, par sa triste incroyance,
Le monstre, — le géant aux millions de bras,
Philosophe, affamé des plaisirs d'ici-bas.
Du sinistre géant entendez la furie,
Contre ce qu'il appelle *infâme bourgeoisie* :



2

« Le sceau de l'infamie a marqué votre front,
» Comme ont croulé les rois, les bourgeois crouleront.
» Au pauvre, l'atelier, — la mine — et leur fumée...
» Au riche, du salon la senteur parfumée...
» Plus d'aristocratie !... Il faut que les derniers
» Au banquet social, soient, enfin, les premiers !... » (1)
Du terrain social une nouvelle couche,
Remontant des bas-fonds, se soulève farouche ;
Et tout l'ordre actuel, par de sourds craquements,
Se sent bouleversé jusqu'en ses fondements.
On entrevoit partout des haines et des guerres.
La *Pieuvre Maçonnique*, aux innombrables serres,
Enveloppe le monde en ses plis venimeux,
Pour l'étouffer au fond d'un athéisme affreux.

O sagesse de Dieu ! justice rigoureuse !
Des choses d'ici-bas, logique merveilleuse !
La semence du crime a donc porté son fruit ;
En juste châtiment elle s'épanouit.
Les ennemis du Christ, en lui faisant la guerre,
Reçoivent tous les coups qu'ils portaient sur *la Pierre*. (2)

---

(1) Extrait des journaux radicaux. — Manifeste communard envoyé d'Angleterre.... (7 juin 1874.)

(2) J. C. est la pierre angulaire de l'édifice religieux et social (saint Paul, 1ᵣₑ épît. aux Corinth., c. 3, 10).

## VI.

Mais, à ce mal immense, à ce péril certain,
Dont la cause première est une double faim,
Où sera le remède ? — En une vaste aumône,
Qui, du pauvre embrassant doublement la personne,
Lui donnera le pain et la Religion ;
Et soulageant son cœur, éclairant sa raison,
Rétablira, malgré la boue et le nuage,
Dans un être avili, de Dieu la douce image.

Ah ! c'est la Charité, noble fille des Cieux,
Qui s'en va visiter ses frères malheureux,
Les mains riches de dons, le cœur plein de tendresse,
L'esprit illuminé d'en haut par la Sagesse.
Nul obstacle ne peut ralentir son amour.
La prière, l'exemple employés tour à tour,
Et mêlés de douceur, lui préparent l'entrée
Dans l'âme la moins pure et la plus égarée.

Et qui doit cette aumône au salut social ?
Nous tous assurément ; — mais les auteurs du mal,
Ceux qui nous ont conduits au bord du précipice,
La doivent les premiers, et de stricte justice.

L'acte médicinal doit donc être, à la fois,
Sincèrement chrétien... et *laïque,* — *bourgeois* (1).


Si du salut paraît trop dure la parole,
Il sera bien plus dur de sentir sur l'épaule
La griffe du lion, du monstre communard !...
Qu'on se hâte, il rugit... C'est même déjà tard.

---

(1) « C'est au propriétaire, à la campagne; au patron, dans
» l'usine et l'atelier, qu'incombe le devoir impérieux de diriger le
» mouvement social vers le bien; selon leurs tendances et leur
» dévouement, la nation sera vertueuse ou corrompue. » (M. Le
Play).

# ÉPILOGUE

Depuis que l'homme, en Dieu, n'a plus connu son père,
Il n'a pas su non plus, dans l'homme, voir son frère.
Ennemis acharnés, le riche et l'indigent
Sont prêts à s'égorger sur des monceaux d'argent.
Ah ! qui fera cesser, sur notre triste terre,
Cet immense combat, cette infernale guerre ?
La Religion peut, seule, nous désarmer ;
Les hommes, sans Jésus, ne savent pas s'aimer (1).
Le riche au cœur d'airain aura, dans Lui, son juge ;
Du pauvre humble et soumis Il sera le refuge.
Tous les deux sont de Dieu : le riche juste et bon
Est l'image, ici-bas, de l'Auteur de tout don.

---

(1) « Le Christ, dit Clément d'Alexandrie, est le seul véritable Orphée qui ait le pouvoir d'adoucir et de charmer les bêtes farouches, je veux dire les hommes. » (Exhort. aux Gentils). — Dès la fin du $1^{er}$ siècle, dans les catacombes, la douce toute-puissance du Christ est aussi figurée par l'image d'Orphée attirant, aux accords de sa lyre, les animaux féroces. *(Hist. de l'Egl.)*

Le pauvre a de Jésus la douce ressemblance ;
De tous les deux les Cieux seront la récompense ;
Abraham et Lazare ensemble sont au Ciel.
Soyons donc patients, et n'ayons plus de fiel.
La Vérité l'a dit : les peuples ont beau faire,
La terre aura toujours des sillons de misère :
Du baume de la foi, mettons-y l'appareil.


Levée et près de nous bien avant le soleil,
La Providence est là, comme une sentinelle,
A l'œil doux, vigilant, à la main maternelle.
De confiance en Dieu nous manquons trop souvent :
A la brebis tondue, il mesure le vent.
Il couvre les agneaux de douce et fine laine.
Jamais il n'a laissé l'oiseau manquer de graine.
Pour *ouater* son nid, il a dit au buisson,
De ravir aux troupeaux un peu de leur toison.
Beaucoup d'entre eux s'en vont dans les plages lointaines,
Chercher les climats chauds et leurs tièdes haleines :
Dieu leur prépare, ainsi, des asiles divers,
L'un plus frais, pour l'été, l'autre, pour les hivers.
Et la fleur de nos champs, comme sa main l'habille !...
Dans le monde, — à la cour, nulle beauté ne brille,
Comme l'œillet, la rose ou le lis du vallon,
Plus éclatant que l'or du grand roi Salomon.
« Cette main, au printemps, des blanches pâquerettes
Repasse avec grand soin les fraîches collerettes.
Sans se lasser, le jour, la nuit lorsque tout dort, »
Elle cisèle aussi le riche bouton d'or.
Sur les fleurs, goutte à goutte, elle verse la pluie,
Puis, quand elles ont bu, son amour les essuie,

Avec le doux baiser d'un rayon de soleil,
Dont elle aime à parer leur calice vermeil. »

O pauvres, sachez donc que personne n'est père
Comme Dieu. — Quelquefois, on put voir une mère
Délaisser son enfant ; mais jamais on n'a vu
Le cœur du vrai chrétien pour toujours confondu.
Parfois, Dieu nous éprouve et parfois nous châtie,
Bonne et douce toujours sa main nous purifie.
Ainsi, dans l'ancien temps, d'exil il punissait
Le peuple qu'entre tous son amour caressait :
Soixante et dix printemps étalèrent leurs charmes,
Tandis que, dans les fers, Sion versait des larmes.
Le repentir mit fin à la captivité,
Lui rendit la patrie et la félicité.


## II.


O France, souviens-toi que le Christ t'a nommée
Sa nation, aussi, sa fille bien-aimée.
Ah ! lève-toi, reprends ta belle mission
De vérité, d'honneur et de Religion.
Elle te rouvrira le chemin de la gloire,
Et conduira tes fils aux champs de la victoire.
Enseigne à l'incroyant la foi de tes aïeux,
Prie... et conduis ton peuple au royaume des Cieux.
Laisse là les plaisirs, garde la tempérance ;
Sois moins ivre d'orgueil, de folle indépendance.

O ppose au mal, le bien ; — au faux, la vérité ;
A la haine, l'amour ; partout la charité.
Que, sur ton sol béni, la vertu resplendisse !
Que le règne de Dieu, chez les tiens, s'agrandisse !
Que le Législateur des peuples et des rois
Te trouve plus soumise à ses divines lois !
Que son saint nom, chez toi, soit béni d'âge en âge,
Par le grand, le petit, le savant et le sage !...

Une vanité folle égara ta raison,
De toutes les erreurs tu buvais le poison.
L'iniquité t'a mis au cou sa lourde chaîne,
Et tu t'es faite esclave, au lieu de rester reine.
Si ton malheur t'éclaire et te sert de leçon,
Après avoir payé ta faute et ta rançon,
Jusqu'au fond de l'abîme, ô France descendue,
Reprends courage, et vois... une main t'est tendue.


## III.


A la Ville éternelle attache ton regard.
Reviens avec amour à l'auguste Vieillard,
Qui t'appelle toujours sa Fille bien-aimée,
Des nations du Christ la glorieuse aînée.
Ce Vieillard a l'éclat de toutes les grandeurs :
De la vertu, des ans, du trône et des malheurs.
Nul cœur si pur, si grand, nulle tête si belle !
Pour lui, tu fus jadis, une enfant bien fidèle ;

Vous êtes , de nos jours, ensemble dans les fers ;
Vous semblez partager la gloire et les revers.
Tant que fidèle à Dieu , la Fille fut prospère ,
Les méchants enchaînés ont respecté son Père.
Pour que le flot impur souillât le Vatican ,
La France dut subir l'opprobre de Sedan.
L'Allemand violait les frontières françaises ,
Avant que Rome vît les hordes piémontaises.
De l'auguste Cité les remparts furent pris ,
Le jour où le Teuton vint assiéger Paris.
Ainsi, de vils tyrans le Père était victime ,
Quand la Fille tombait dans le fond de l'abîme.
Forbach et Wissembourg nous couvraient de leur deuil ,
Quand de la porte Pie on profanait le seuil... (1).

---

(1) Le 4 août , les Français évacuaient Rome , au lieu de la défendre contre *les modernes Lombards*, et, le 4 août, l'Empereur, vaincu à Wissembourg, y perdait juste un nombre de soldats égal à celui des troupes qui abandonnaient Rome : 5,000 hommes. — Le 6 août, le drapeau français cessa de flotter dans les Etats du Pape ; le même jour, l'Empire français était de nouveau battu à Forbach. — Au moment où nos troupes quittaient définitivement le territoire pontifical et se rembarquaient à Civita-Vecchia, nous perdions la bataille de Reichshoffen. — Le 14 août, Paris érigeait une statue à Voltaire, et, ce jour, Bazaine, repoussé par les Prussiens, ne pouvait rejoindre Mac-Mahon et se réfugiait à Metz, où devait se consommer notre ruine et notre honte. — Le 2 septembre, Victor-Emmanuel, devenu libre par le retrait de nos troupes, lançait son armée contre les Etats du Pape ; et, ce même jour, l'empereur Napoléon se livrait à Guillaume et à Bismark , avec plus de cent mille hommes. — Le 19 septembre , les Piémontais investissaient

Un céleste lien unit la destinée
De l'Eglise romaine et de sa Fille aînée.
Le Noël du Seigneur fut le Noël des Francs ;
Car, nos pères, de Dieu devinrent les enfants,
Le jour où, parmi nous, le Sauveur prit naissance.
Noël de l'an 800 eut aussi pour la France,
Un éclat que nul jour ne reçut du destin :
Notre Charles-le-Grand éclipsa Constantin (1) ;

---

Rome, avec l'assentiment et l'encouragement du gouvernement de la Défense nationale; et, ce même jour, les Prussiens investissaient aussi Paris. — Le 28 septembre, notre ambassadeur, M. Senard, félicitait Victor-Emmanuel d'avoir pris Rome, et, le 28 septembre, Strasbourg tombait au pouvoir des Prussiens. — Le 28 octobre, Jules Simon réinstallait dans leur chaire d'impiété MM. Quinet et Renan, et, ce jour-là, Bazaine ouvrait à nos ennemis la ville de Metz et leur livrait son armée de cent trente mille hommes... Ainsi, la main de Dieu semblait nous suivre pas à pas, et nous punir au fur et à mesure que nous abandonnions l'Eglise et le Pape. « La » France, dit Mgr l'Evêque de Poitiers, a été abandonnée de sa » propre fortune dans la mesure où elle a abandonné Rome. Jamais » peut-être, sous le règne de la nouvelle alliance, le Ciel n'avait » appliqué d'une façon plus sensible, plus exacte et plus suivie la » loi et la peine du talion. »

(1) Le baptême de Clovis et des Francs eut lieu, à Reims, la veille de Noël de l'an 496. Ce qui a fait dire à saint Avit, archevêque de Vienne : « Que le Noël du Seigneur est aussi celui des Francs; » et à Monseigneur Pie, évêque de Poitiers : « C'est de la fontaine baptismale de l'église de Reims qu'est sortie la France chrétienne. » — La nuit de Noël, qui avait déjà, en 496, vu naître, au baptistère de Reims, la monarchie très-chrétienne de France, fut encore, l'an 800, le berceau de l'empire très-chrétien d'Occi-

Nul César n'eut autant de gloire et de puissance.
Le grand jour de l'Eglise est celui de la France.
Le cri national des Francs : Noël ! — Noël !
Est aussi de l'Eglise un hymne solennel.
Par Remy, consacrée à la Vierge bénie,
La France s'appela : *Royaume* de Marie... (1).

Le Christ, avec l'Eglise, aima toujours les Francs.
Ah ! puisse-t-il les rendre ensemble triomphants !
Que la communauté de deuil et de tristesse
Enfante, pour les deux, une égale allégresse !

---

dent, français aussi, fondé par Charlemagne et le Pape saint
Léon III. — Noël ! quelle date pour la France ! — « A dater de
Noël de l'an 496, dit Mgr l'Evêque de Poitiers, une grande nation,
une autre tribu de Juda, sous la loi nouvelle, allait commencer
dans le monde : c'étaient les Francs. » — Le célèbre Alcuin avait
déjà dit : « Le roi Clovis ayant donné sa foi au Christ, avec la très-
forte nation des Francs, celle-ci est devenue la nation sainte, et
Dieu en a fait à jamais l'acquisition pour le service de la vérité et
de sa cause. » — Une foule d'autres auteurs catholiques ont égale-
ment constaté cette glorieuse et providentielle mission, confiée à
notre chère France. — (*Vie d'Alcuin*, par les Bol. — *Homélie*, de
Mgr de Poitiers, à Reims, 1er octobre 1876. — *Lettre pastorale* de
l'Evêque de Grenoble, 20 avril 1873.)

(1) La cérémonie du baptême de Clovis et des Francs se fit dans
l'Eglise de Sainte-Marie de Reims, où saint Remy pria plusieurs
heures de suite, devant l'autel de la Vierge, pour lui consacrer la
nouvelle et illustre baptisée, la France. — Telle fut la première
origine du beau nom de *Royaume de Marie*, donné à la France par
un grand Pape.

France, songe au passé ; — souviens-toi de Louis ,
De Clotilde , — Remy , — Noël , — Reims et Clovis...
Entends, comme jadis, ces sublimes paroles :
« Courbe ton front, Sicambre, et brûle tes idoles. »
Reprends la croix du Christ , porte-la dans tes rangs ,
Et les œuvres de Dieu se feront par les Francs.

# CHAPITRE II

## LA FEMME FORTE



## I.

« Qui pourra découvrir la Femme vraiment forte ? »
— De quel lieu vient la voix qui parle de la sorte ?
— C'est celle de Dieu même, elle descend des Cieux.
La Femme forte est donc un trésor précieux ?
« Vous iriez, dit la voix, jusqu'aux confins du monde,
» Sans en trouver le prix. » — Quelle estime profonde
Révèle un tel oracle ! — Est-il rien de pareil,
Entre tous les trésors que dore le soleil ?
Contemplons, un instant, la figure admirable,
Qu'offre à notre respect la Femme incomparable.

## II.

Elle préfère au bal, le pauvre soulagé ;
La messe matinale, au repos prolongé ;
Aux dangereux propos, la dévote prière ;
Aux coupables plaisirs, la pénitence austère ;
Les utiles travaux, aux vains amusements ;
Les livres instructifs, aux frivoles romans.
Se cachant aux regards, comme la violette,
Elle ne cherche point l'éclat de la toilette ;
Et bien loin d'écouter la folle Vanité,
Elle suit la vaillante et douce Charité.


## III.

Heureuse de la paix dont sa maison est pleine,
Elle y reste, filant et le lin et la laine.
Le soir de chaque jour, longtemps sa lampe luit ;
Le travail rend plus doux le repos de la nuit.
Aussi, loin de son toit s'envole la misère :
Tout est, grâce à ses soins, dans un état prospère ;
Nul de la faim, du froid, ne souffre les rigueurs ;
« Un double vêtement couvre ses serviteurs » (1).

-------------------------------------------------

(1) (*Proverbes*, 31, 21.)

Le navire chargé, qui porte l'abondance,
Moins que sa douce main, soulage l'indigence.
Ses bras sont dégagés, la force ceint ses reins,
Et la grâce embellit ses traits purs et sereins.


## IV.


Heureux, fier, son époux du pays est la gloire ;
Tous ses concitoyens bénissent sa mémoire.
Le repos et la paix de son intérieur
Le rendent fort et propre au plus rude labeur.

Le monde est une mer bien féconde en naufrages.
L'homme a besoin d'un port, au moment des orages.
La vie est une arène, où chacun est lutteur ;
Le vaincu veut des soins... Il en faut au vainqueur...
Ce port, ces soins et tout ce baume de la vie,
Qui calment la colère, adoucissent l'envie,
Se trouvent dans le sein de cet intérieur,
Où, dans la Femme forte, est l'ange du bonheur.
Des ardeurs de la vie elle est le frais ombrage.
Elle est comme l'étoile, après le noir orage ;
Et, dans les cœurs, sa vive et suave clarté
Répand le calme doux des belles nuits d'été.
Au pauvre matelot broyé par les tempêtes,
Sous les vagues dressant leurs formidables crètes,
Rien n'est doux comme un ciel, souriant, azuré...
C'est la Femme au front pur et de vertus paré...

## V.

Son époux la bénit, ses fils sont sa couronne,
Sa vertu, dans les cœurs, partout lui dresse un trône.
Oh ! qu'elle est noble et belle en sa simplicité !
A remplir ses devoirs quelle fidélité !
Tout est marqué, chez elle, au coin de la sagesse.
La force, dans son cœur, s'unit à la tendresse.
Elle sait, quand il faut, parler, se taire, agir.
Un mot léger suffit pour la faire rougir.
Elle ne peut souffrir la moindre odeur du vice,
Il faut qu'en sa présence, il cache sa malice.
La foi soutient, dirige, éclaire sa raison,
Et la loi du Seigneur règne dans sa maison.
Aussi, Dieu la bénit : tout, même ses largesses,
Semble de ses enfants augmenter les richesses ;
Et de sa piété le charme tout-puissant
Prépare l'avenir, embellit le présent.
Mais, pour ses fils, les biens que la fortune donne,
Ne sont rien, à ses yeux, auprès de la couronne,
Que la vertu prépare ; — et l'éternel bonheur,
Pour ces êtres chéris, est le vœu de son cœur.

## VI.

Ces liens, il est vrai, l'attachent à la terre.
Dans l'humaine mêlée, au bruit des cris de guerre,

Avec le lourd fardeau de la maternité,
L'âme n'a pas le vol de la Virginité.
Mais, la main qui soutient la colombe légère,
Guide et bénit les pas fatigués de la mère.

Les malheurs de la vie et ses nombreux combats
La rendent bien souvent veuve et seule ici-bas.
Le monde voit, alors, la Femme vraiment forte,
Encor plus retirée et lui fermant sa porte,
Pour être tout entière aux souvenirs pieux,
Aux soins de ses enfants, aux actes vertueux.

Quelquefois, sous le voile et sous l'habit de serge,
Elle renonce à tout pour imiter la Vierge.
Là, le corps fut vivant, quoique mortifié.
Ici, tout meurt, l'esprit seul est vivifié.
Là, l'âme a traversé la vaste mer du monde.
Ici, l'aigle planait bien au-dessus de l'onde.
Là, l'amour fit marcher, servir et travailler.
Il fit, ici, courir, voler et s'immoler.

## VII.

L'une, au Ciel avec l'ange, « à l'Agneau sert d'escorte (1). »
Revenant du combat, l'autre, la Femme forte,

---

(1) *Apoc.* 14, 4.

Avec ses fils groupés « comme un plant d'oliviers (1), »
Nous apparaît le front couronné de lauriers.

Chacune du Seigneur fut tendrement chérie.
Mais, si l'une était Marthe, en l'autre on vit Marie.
Marthe, en ses œuvres, n'eut ni repos, ni retard.
Mais Marie, en l'amour, « prit la meilleure part (2). »
Au service de Dieu toutes les deux fidèles :
La première eut des pieds, — la seconde, des ailes.

---

(1) Ps. 143.
(2) Saint Luc, X, 42.

# CHAPITRE III

---

## LA VIERGE

« O combien est belle la génération des
» Vierges ! Elle est en honneur devant Dieu
» et devant les hommes. » (*Sagesse*, IV, 1.)

## I.

Contemplons, maintenant, la phalange angélique,
Qui, du parfait amour, chante le beau cantique.
Des générations, qui font le genre humain,
Nulle ne resplendit d'un éclat plus divin.
Le Ciel émerveillé l'associe à ses anges.
La terre n'y voit point la trace de ses fanges ;
Et les lyres du temps et de l'éternité
Chantent, en chœur, le don de la Virginité.

Le lis, que du soleil les rayons font éclore,
Dans sa coupe d'argent, boit les pleurs de l'aurore.
Mais le lis virginal, né d'un rayon divin,
Dans un calice d'or, sous l'emblème du vin,
Boit le nectar sacré, le sang de Dieu lui-même.
Entre les fleurs du Ciel, il tient le rang suprême!
Le Très-Haut en revêt la splendeur de son Fils,
« Dont le cœur est épris de la blancheur du lis. » (1)
Aussi, ce Fils chéri, sa Mère immaculée
Portent-ils le doux nom « de lis de la vallée. » (2)

Le païen même y vit un don divin, sacré,
Que son cœur, quoique impur, a toujours admiré.
Mépriser la richesse et fuir la bonne chère,
Se soustraire aux honneurs et vaincre la colère,
Plusieurs sages païens l'ont quelquefois tenté;
Mais aucun de l'austère et belle chasteté
Ne goûta les attraits. — Ce fruit de l'Evangile
Ne peut naître et grandir dans notre chair fragile.
Comme la manne, il a sa source dans le Ciel,
La blancheur de la neige et la douceur du miel.
La manne nourrissait la nation chérie.
Ainsi la Vierge vit de la divine hostie.
De tous les aliments la manne avait l'attrait;
De toutes les vertus l'hostie a le secret.

---

(1) Cantique, 2. 16.
(2) Cantique, 2. 1.

## II.

Aussi, le front paré de sa blanche auréole,
Le cœur rempli d'amour, la Vierge va, s'immole,
Partout où du malheur l'appellent les besoins.
Dans l'hospice, au malade, elle donne ses soins ;
Et des plaisirs mondains méprisant les amorces,
Elle met, ce qu'elle a de jeunesse et de forces,
Au service de tout ce que l'humanité
A de plus dégoûtant et de plus rebuté,

Plus forte que la mort, nul péril ne l'arrête ;
A soigner tous les maux sa douce main est prête.
Comme son Bien-Aimé fut « l'homme de douleur. » (1)
Son âme semble avoir épousé le malheur.
Vieillard, fou, pauvre, infirme, étranger, infidèle,
Tous indistinctement sont l'objet de son zèle.
On voit de son cœur pur le tendre sentiment
Attiré par les pleurs, comme par un aimant.
Pour consoler, elle a de l'ange le sourire,
Et, pour calmer, la voix touchante de la lyre.
Sans relâche, elle va de douleurs en douleurs,
Comme l'abeille, aux champs, vole de fleurs en fleurs.

---

(1) Isaïe, 53. — 3.

On sent que, sous le voile et sous l'habit de serge,
Une âme de héros palpite dans la Vierge.

Le cœur qui veut à tous ainsi se partager,
Des liens de la terre a dû se dégager.
Oui, l'amour vierge, seul, de sa source profonde
Peut jaillir si fécond, qu'il embrasse le monde.
Ainsi, la charité, le parfait dévoûment,
Dans la Virginité, puisent leur élément (1).


### III.


Si la Virginité, pour nos maux est un baume,
Des œuvres de l'esprit elle est aussi l'arôme.
Lettres, — beaux-arts, — science... ont en elle une sœur,
Dont ils aiment la pure et suave fraîcheur.
Ils partagent ses goûts de paix, de solitude,
Sa haine des plaisirs ennemis de l'étude.
L'esprit, quand il est vierge, est bien plus dégagé.
Conçoit-on le génie en la fange plongé?...

---

(1) « A la Vierge chrétienne, par une délégation spéciale, dit le
» P. Lacordaire, ont été confiés tous les pauvres, toutes les misères,
» toutes les plaies, toutes les larmes. C'est elle qui, au nom et au lieu
» du Christ, va visiter les hôpitaux et les greniers, découvrir les
» gémissements, explorer le royaume si vaste de la douleur. »

Aussi, vit-on toujours une sainte alliance,
Entre la vertu pure et la saine science.
Dans les âges de fer, le moine et le savant
Vécurent abrités dans le même couvent.


A l'école, on le sait, la Vierge devient mère ;
Et de la greffe en soi produisant le mystère,
Son cœur, par la vertu d'ineffables liens,
S'y couronne d'enfants qui ne sont pas les siens :
Famille à son cœur pur d'autant plus belle et chère,
Que Jésus son époux en est seul le vrai père !
Aussi, c'est bien Jésus qu'elle aime en ses enfants ;
C'est Lui qui rend, pour eux, ses bras si caressants ;
Et leurs mères, jamais, ne leur firent entendre
Une voix aussi pure, aussi sage et plus tendre.


Son enseignement, d'où Dieu n'est jamais absent,
Prépare l'avenir, assure le présent :
Le monde lui doit tout, même la Femme forte ;
Son angélique cœur est le sein qui la porte.
De la Vierge elle apprit à chérir la pudeur,
Dieu, la foi, la retraite, avec le saint labeur (1).

---

(1) « Il appartient aux célibataires d'enseigner, disait l'empereur Napoléon Ier, — *c'est là leur métier.* »

## IV.

Si le lis virginal donne à la vie active
Un si puissant éclat, l'âme contemplative,
·En ses élans divins , lui doit bien plus encor.
Dieu de sa créature est l'infini trésor ;
L'âme aspire vers Lui de toute sa puissance ;
Sa fin est de s'unir à sa divine essence.
Tel le cerf altéré bondit vers un lac pur ;
Telle vole à son nid, au sein d'un ciel d'azur,
La colombe légère... Ainsi, cent fois plus vive ,
Est la flamme d'un cœur que l'amour saint captive.
Il évite avec soin ce qui peut, ici-bas,
Appesantir son vol ou ralentir ses pas.
De la Virginité prenant les blanches ailes ,
Il pénètre des Cieux les régions si belles.
Il entend les concerts du brûlant séraphin,
Qui, sur la harpe d'or, chante l'hymne sans fin.
Il s'abîme en ces flots de divine harmonie,
Et s'approchant toujours de l'essence infinie ,
Du soleil, comme l'aigle , il fixe la clarté ,
Et contemple ravi la céleste beauté (1).

-----

(1) La vie contemplative est la plus divine de toutes. » (Platon.)

Alors s'accomplit, même en une chair fragile,
La promesse au cœur pur faite par l'Evangile.


## V.


En s'élevant ainsi, par l'amour jusqu'aux Cieux,
L'âme contemplative est l'astre radieux,
Dont le rayon béni luit à la terre heureuse.
C'est aussi la nuée ailée et gracieuse,
Qui, planant dans le Ciel, verse, à flots sur nos champs,
Les trésors de rosée enfermés dans ses flancs :
Loin de ses eaux, la terre aride et sans culture,
Ne voit pas une fleur émailler sa ceinture (1).
Telle la blanche neige, ornant les hauts sommets,
Vient, en mille ruisseaux, féconder nos guérets.
L'âme planant, ainsi, sur les hauteurs mystiques,
N'est point indifférente aux affaires publiques.
Elle aime pour celui dont le cœur n'aime pas,
Et lutte pour celui qui fuit les saints combats.
L'austère carmélite, en sa pauvre cellule,
Neutralise le mal qui de partout pullule.

---

(1) « Les âmes saintes sont comme les canaux vivants et volon-
» taires, par où l'amour divin et les grâces se précipitent vers nous ;
» les nuées aimantes, d'où nous pleuvent les rosées célestes. » (*De
la Vie chrétienne*, par un grand vicaire de Poitiers, t. III, p. 378.)

La vertu, pour un peuple, est le premier des biens,
Et des Etats les saints sont les meilleurs soutiens.
Fruit du Ciel, la Vierge est le trésor de la terre,
Sur ses saintes hauteurs, c'est un paratonnerre!... (1).

## VI.

Ainsi, la grâce fait, de la Virginité,
Le bien, l'appui de tous... Une maternité.
L'action d'un cœur pur est partout salutaire ;
Car tous ceux d'entre nous, qui marchent sur la terre,
Soldats poudreux, ont soif, à quelque heure du jour,
D'une goutte de paix, de vérité, d'amour.
Qui pourra la donner à leur âme altérée?
— C'est de l'homme de Dieu, la main vierge et sacrée.
Par la Virginité, le prêtre est tout à nous.
De nulle il n'est l'époux, il est frère de tous.
Si Dieu de ses trésors l'a fait dépositaire,
Et le consolateur de l'humaine misère,
C'est qu'à son front le sceau de la Virginité
Brille comme un reflet de la divinité.

---

(1) « Les saints portent le monde... Les expiateurs sont des sau-
veurs. » (Saint Jérôme.) — « Qu'en serait-il du monde, disait Notre-
Seigneur, à sainte Thérèse, si je n'avais égard aux religieux? »

Seigneur Jésus, « je vous chanterai sur ma lyre. »
« Cette lyre est la chair (1), » qui, dans un saint martyre,
De la nature en pleurs, brisant les doux liens,
Se donne à tous les maux, se voue à tous les biens ;
Et le cœur dans l'amour, l'esprit dans la lumière,
Livre au prochain, à Dieu, son âme tout entière.

O beau lis du vallon, amour du Roi des rois !
Ma couronne, ma gloire et la fleur de mon choix !
Abrite-moi toujours sous ta tige fleurie,
Et sois mon seul trésor, le charme de ma vie.
J'aime ton noble port, emblème immaculé ;
Mais surtout ton parfum, ton calice argenté.
Aussi, je veux avoir, pendant ma vie entière,
Toujours un lis en main, comme Joseph, mon Père.
Et ce signe sacré, ma palme de vainqueur,
Me donnera l'entrée au festin du Seigneur.

---

(1) Ps. 70. — Saint Ambroise.

# ÉPILOGUE

Rien des devoirs d'état n'égale l'importance.
Pour chacun, servir Dieu, vivre dans l'innocence,
Tel est le grand secret d'être et de rendre heureux :
Partout encor, la palme est au cœur vertueux.

Admirons donc l'éclat qu'à tout la vertu donne.
Aux deux sœurs décernons une double couronne :
Que le lis virginal et le bluet d'azur,
Avec la violette au parfum doux et pur,
De l'une ornent le front. — Que l'autre se repose
Sous des festons d'épis, d'aubépine et de rose :
Du foyer domestique elle est le fondement.
De la terre et du Ciel la Vierge est l'ornement !

Leurs jours s'écouleront dans le silence et l'ombre ;
Des trépas oubliés le leur sera du nombre ;
Nul signe étincelant n'ornera leur tombeau.
« Honneur à la vertu, le génie est moins beau (1) ! »

______________________________

(1) M. de la Prade.

# TABLE ANALYTIQUE DES MATIÈRES

# CHAPITRE III.

## La Vierge.



## Epilogue.



FIN DE LA TABLE.

Grenoble, imprimerie Baratier. — 6319.